빙글빙글
당황하지 말고
똑똑하게 말해요

빙글빙글
당황하지 말고
똑똑하게
말해요

부모님께

"소심해서 하고 싶은 말을 못 해요.", "산만하고 두서없이 말해요.", "친구와 자주 말다툼을 해요.", "거칠고 나쁜 말을 자주 써요." 등 많은 부모님이 자녀의 대화 습관을 걱정하고 계십니다. 아이들 사이에서 일어나는 일에 대해 보호자가 관여할 수도 없고, 중재에 나섰다가 괜히 보호자들끼리 얼굴을 붉혔던 경험이 있으시면 더 조심스러울 겁니다.

하지만 너무 걱정하지 마세요. 아이들은 단지 표현하는 방법을 잘 모르는 것뿐입니다. 아이를 크게 걱정하기보다는 믿고 기다려주며 '해결사'가 아니라 '조력자'가 되어주세요. 우리가 어른이 된 것처럼, 아이도 여러 가지 일을 겪으며 성숙해진답니다.

이 책에서는 실생활에서 일어날 법한 다양한 대화 상황을 제시하고, 상황마다 어떻게 말하고 행동해야 좋은지 방향을 제시하고 있습니다. 아이와 함께 이 책을 읽으며 다양한 상황을 상상해 보고,

역할극을 하듯 서로 소리 내어 읽으면서 "이럴 때는 어떻게 말해야 할까?", "친구는 어떻게 생각할까?" 등 대화를 나누어 보세요. 아이들은 이러한 활동을 통해 여러 상황에서 자연스럽게 말을 꺼내는 역량을 기를 수 있습니다.

사실 자기 감정을 타인에게 잘 전하는 것은 어른들에게도 어려운 일입니다. 그러니 아이가 대화법을 온전히 내 것으로 익힐 때까지 겪게 될 시행착오의 과장 또한 따뜻한 눈길과 격려로 응원해 주세요.

걸음마

이 책을 읽는 친구들에게

'이런 상황에서는 뭐라고 말하고 어떻게 해야 하지?'라고 고민했던 순간이 있나요? 친한 친구에게 뭐라고 말할지, 싫은 친구에게는 뭐라고 말할지 많이 고민했을 거예요. 이런 고민이 있는 친구들을 위해 슬기롭게 친구 관계를 맺고 즐겁게 학교생활을 할 수 있게 도와줄 대화법을 이 책에 담았어요.

물론 이 책에 여러분이 친구들과 어울리며 일어날 법한 상황에서, 나의 마음과 친구의 마음을 이해하는 바람직한 대화법을 보여주고 있지만 만능 해결서는 아니에요. 그저 책을 읽고 덮어버리면 이 책에 대화법을 익힐 수 없어요. 스스로 행동을 바꾸겠다는 다짐과 연습이 필요하답니다.

물론 쉽지는 않을 거예요. 사실 슬기롭게 말하기는 어른들도 어렵답니다. 그래도 이 책을 읽기 시작한 우리 친구들이라면 금방 익힐 수 있을 거라 믿고 응원할게요!

초등교과연계

[학교 1-1] 함께 준비해요

[사람들 1-1] 함께 골라요(주제)

[국어 1-1] 반갑게 인사해요

[국어 2-1] 만나서 반가워요

[국어 2-1] 자신의 생각을 표현해요

[국어 2-1] 마음을 담아서 말해요

[국어 5-1] 대화와 공감

차 례

2. 문제를 해결하는 슬기로운 말 - 48

친구와 더 친해지고 싶어요! :)

1. 친해지는 다정다감한 말

1. 처음 만난 친구에게 뭐라고 말하지?

아는 친구가 하나도 없는 낯선 곳이라 불안하고 어색해요.
옆에 앉은 처음 만난 친구랑 친해지고 싶은데 뭐라고 말
을 걸죠?

18

처음 본 친구에게 말을 걸려면 자신 없고 부끄러운 마음이 들 수 있어요. 사실 내가 처음 본 친구도 나를 보고는 어떤 사람일지 궁금해하고 있답니다. 이럴 때는 밝게 웃으며 "OO아(야), 안녕?"이라고 말해보세요. 먼저 인사를 하면 '나랑 친해지려고 하는구나!' 하고 좋아할 거예요.

　혹시라도 먼저 인사를 했는데 싫어하는 친구가 있어도 실망하지 마세요. 매일 반갑게 인사를 하면 어느새 친구가 되어 있을 거예요. "안녕?"은 친구를 쉽게 사귈 수 있는 마법 같은 말이거든요.

　처음 본 친구와 친해질 수 있는 최고의 말은 "안녕?" 꼭 기억하세요!

친구들이 모여서 놀고 있는데 나도 같이 놀고 싶어요.
나만 빼고 노는 거 같아 서운하고, 안 끼워줄까봐 걱정돼
요. 같이 놀고 싶은데 뭐라고 말을 걸죠?

먼저 놀고 있는 친구들과 함께 놀고 싶으면 안 끼워줄까봐 걱정하지 말고 "나도 같이 놀고 싶어!"라고 자신 있게 말해보세요. 내가 말하지 않으면 친구들은 나의 마음을 알 수 없어요. 같이 놀자고 이야기해야 다른 친구들도 '우리랑 놀고 싶어 하는구나.'라고 알 수 있답니다.

그런데 내가 같이 놀자고 말했는데 친구가 거절할 수도 있어요. "너랑 놀기 싫어!"라고 말한다면 그 친구는 나와 어울리는 친구가 아니니 상처받지 말고 다른 친구들 찾아보세요. 분명 내 마음을 잘 알고, 재미있게 같이 놀 수 있는 친구가 있을 거랍니다.

21

3. 친구와 더 친해지고 싶은데 어떻게 해야 하지?

친하지는 않지만 최근에 자주 함께 있게 된 친구와 친해 지고 싶을 때는 어떻게 마음을 전하죠?

친하게 지내고 싶은데 어떡하면 될까...

친구와 더 친해지고 싶은데 어떻게 해야 할지 모를 때 가장 좋은 방법은 친구와 내가 서로 알고 싶은 이야기를 꺼내면 좋아요. 내가 좋아하는 음식이나 만화, 좋아하는 게임이나 캐릭터, 살고 있는 동네 등을 이야기하다 보면 친구에 대해 알게 되고 더 친해질 거예요.

하지만 내 이야기만 하는 게 아니라 친구에게도 물어보고, 친구 이야기도 들어줘야 해요. 친구 이야기를 듣지 않고 나만 이야기한다면 친해질 수 없답니다.

나는 햄버거를 좋아하는데 너는 어떤 음식을 좋아해?

4. 친구와 함께 기쁜 마음을 나누고 싶은데 뭐라고 말하지?

상장을 받아서 기쁜 데 좋아하면 친구들이 잘난 척한다고 싫어할 것 같아요. 기쁜 마음을 나누고 싶은데 어떻게 해야 하죠?

시험에서 일등을 하거나, 열심히 노력해 상장을 받으면 당연히 기쁜 마음이 들지요. 그런데 내가 노력한 걸 친구들이 전혀 모른다면 잘난 척하고 자랑하는 것처럼 느낄 수 있어요. 내가 느낀 기쁨을 친구들과 함께 나누고 싶다면 먼저 내가 왜 이렇게 기뻐하는지 알 수 있도록 친구들에게 말해줘야 해요.

예를 들어 시험을 잘 봤다면 "지난번 시험을 너무 못 봐서, 열심히 공부했어!", "다들 열심히 하니까 나도 열심히 노력했어."처럼 어떻게 해서 좋은 결과가 나와 기쁜지 자세하게 말해주면 친구들에게 축하를 받으면서 기쁨을 나눌 수 있을 거예요.

25

5. 친구들이 나를 좋아하게 만드는 방법

친구들이 서로 잘 놀다가 나만 보면 얼굴을 찡그리거나 자리를 피해요. 친구들이 나를 좋아해 주면 좋겠는데 어떻게 해야 하죠?

친구를 사귈 때 가장 먼저 보는 건 겉모습이에요. 착하고 재미있는 성격의 친구여도 겉모습이 단정하지 못하면 어울리기 힘들지요. 그래서 친구들이 나를 좋아하게 만들려면 먼저 겉모습을 깨끗하고 단정하게 관리할 줄 알아야 해요. 혼자서 힘들다면 부모님의 도움을 받아도 좋아요.

그다음으로 중요한 건 표정이에요. 화가 난 표정이나 우울한 표정을 짓고 있는 사람은 그 누구도 친해지려고 하지 않아요. 미소를 띠며 밝은 표정을 짓는 사람은 누구에게나 호감을 준답니다. 미소 짓는 표정이 어색하면 거울을 보며 연습해 보세요. 꾸준히 연습하면 자연스럽게 미소 짓는 방법을 알게 될 거랍니다.

6. 친구가 듣기 싫어하는 말은 하지 마세요

내가 듣기 싫은 말은 친구도 듣기 싫어요. 이런 말을 자주 한다면 친구랑 친해질 수 없어요.

내가 친구에게 장난치고 싶다고 "OO는 바보래요!"라는 식으로 놀린 적 있나요? 내가 듣기 싫은 말, 내가 들으면 기분 나쁜 말은 친구에게 하면 안 돼요. 장난으로 한 말이라도 친구가 기분 나빠 하면 그건 장난이 아니라 친구를 상처 입히는 거예요. 이런 말을 들은 친구는 나와 친해지고 싶은 마음이 있다가도 '나를 놀려? 나도 못되게 굴어 주지.'라고 생각하게 된답니다.

혹시라도 내가 이런 말을 해서 친구에게 상처를 준 것 같으면 진심으로 사과하고, 다음부터는 그러지 않겠다고 약속하세요.

7. 생각지도 못한 장소에서
아는 친구를 만났어요

생각지도 못한 장소에서 친구를 만났어요. 그런데 달려 가서 인사하자니 어색하고 모른 척하자니 다시 만났을 때 더 어색할 것 같은데 어떻게 해야 하죠?

생각지도 못한 장소에서 아는 친구를 만나면 반가우면서도 아는 척을 해야 하나 망설여질 수 있어요. 친한 친구가 아니라면 더 그렇지요. 그런데 의외의 장소에서 만나 인사를 나눈 경험이 나와 친구 모두에게 특별한 기억으로 남아 더 가까워질 수 있어요.

이럴 때는 먼저 친구에게 다가가 가볍게 "안녕?"하고 짧게 인사만 해도 괜찮답니다. 친구도 용기 내서 먼저 다가와 인사를 해준 나에게 고마워하면서 기쁜 마음이 들 거예요.

8. 친구들을 우리 집에 초대하고 싶을 때

친구들을 우리 집에 초대해서 같이 놀고 싶은데 거절당할까 봐 걱정이에요. 뭐라 말해야 하죠?

친구를 집에 초대해서 같이 노는 건 정말 즐겁고 신나는 일이에요. 하지만 친구를 집에 초대하기 전에 확인해야 할 일이 있어요. 먼저 부모님에게 집에 친구를 언제 초대해도 괜찮은지, 몇 명을 초대해도 되는지 등 허락을 받으세요. 내가 갑자기 친구를 데리고 집에 온다면 부모님도 준비가 안 되어 당황하실 거예요.

부모님에게 허락을 받은 후 친구들에게 미리 말하세요. 만약 금요일에 친구를 초대할 수 있다면 월요일에 미리 말하는 게 좋아요. 갑작스럽게 말한다면 친구들도 학원을 가야 한다거나, 부모님에게 허락을 받아야 해서 거절할 수 있답니다.

33

9. 친구가 부러울 때

인기도 많고 잘하는 것도 많은 친구가 부러워요. 나도 친구처럼 되고 싶어요.

나보다 운동이나 노래, 게임이나 공부를 잘하는 친구를 보면 멋있어 보이고 부러운 마음이 생길 수 있어요. 이럴 때는 친구에게 "너 참 멋있다.", "나도 너처럼 잘하고 싶어."라고 솔직하게 말해보세요. 친구도 분명 좋아할 거예요.

　하지만 친구를 부러워하며 친구의 행동을 따라 할 필요는 없어요. 사람은 누구나 특별한 무언가를 가지고 있기 때문에 사람마다 멋진 부분이 다르거든요. 내가 어떤 걸 잘하는지 생각하고, 잘하는 모습을 보여준다면 다른 친구들도 나를 부러워하며 멋있다고 말할 거예요.

35

10. 재미있게 이야기하는 친구들과 같이 이야기하고 싶을 때

친구들이 재미있게 이야기하고 있어서 나도 무슨 이야기 인지 듣고 싶어요. 그런데 나를 불편해할지 걱정되고 뭐 라고 말할지도 모르겠어요.

친구들이 웃으면서 재미있게 이야기하고 있으면 무슨 이야기를 하는지 궁금하고 나도 같이 이야기하고 싶을 거예요. 하지만 혹시라도 내가 끼어들었다가 이야기를 방해하는 건 아닌지, 나를 불편해하진 않을지 걱정되지요.

그럴 때는 걱정하지 말고 "무슨 이야기 해? 나도 같이 들어도 돼?"라고 물어보세요. 친구가 괜찮다고 하면 자연스럽게 대화를 듣고 같이 이야기를 나누면 돼요. 혹시라도 거절한다 해도 실망하지 마세요. 나를 좋아하고 나와 이야기하고 싶은 친구는 언제든 있답니다.

11. 친한 친구와 멀어졌다는 느낌이 들어요

친했던 친구와 요즘 대화도 어색하고 뭔가 불편해요.
사이가 멀어졌다고 느끼는데 어떻게 해야 할까요?

다투지도 않았는데 친했던 친구와의 대화가 갑자기 어색하고 불편해졌다면 내 마음에 변화가 생겨서 불편할 수도 있고, 나와 친구 사이에 어떤 일이 있었는데 나만 모를 수도 있어요. 이런 경우에는 친구와 솔직한 대화가 필요해요.

나와 친구 사이를 멀어지게 만든 이유가 짐작 가면 말해 보고, 도저히 모르겠다면 친구에게 물어보세요. 정말 소중한 친구라면 기다리지 말고 먼저 말하면 내 생각보다 문제가 쉽게 해결될 거예요.

12. 혼자 떨어져있는 친구를 챙겨주고 싶을 때

다른 친구들과 다르게 늘 혼자 떨어져있는 친구가 있어요. 혼자 외로울 거 같아 같이 놀면 좋은 데 어떻게 해야 할까요?

혼자 떨어져 있는 친구에게 먼저 다가가 챙겨주는 행동은 정말 잘하는 거예요. 수줍음이 많은 친구들은 같이 놀고 싶지만, 용기를 내지 못할 때도 있거든요. 그럴 때 내가 먼저 말을 걸어주면 그 친구도 좋아할 거예요.

만약 친구가 좋아하지 않아도 실망하지 마세요. 갑자기 다가와서 놀랐을 수도 있고, 어떻게 해야 할지 몰라서일 수도 있어요. 그래도 내 마음이 친구에게 전해졌을 테니 천천히 친해지면 된답니다.

13. 친구들이 하고 싶은 놀이가 다를 때 어떻게 해야 하죠?

 쉬는 시간에 뭐 하고 놀지 정하는 데 하고 싶은 놀이가 다 달라요. 빨리 정하지 않으면 쉬는 시간이 끝날 텐데 어떡하죠?

여러 사람이 서로 자기가 원하는 것만 이야기하면 결정하기 어려워요. 이럴 땐 지금 어떤 상황인지 천천히 말해 주는 게 좋아요. "쉬는 시간이 얼마 안 남았어!", "빨리 안 정하면 아무것도 못 해!"처럼 누구나 알고 있는 사실을 말하면 결정하기 더 쉬울 거예요.

그래도 쉽게 정하기 힘들면 많은 사람이 찬성하는 의견을 따르는 다수결로 정하는 방법도 있답니다.

14. 친구에게 도움을 주고 싶을 때

친구가 곤란해 보여서 도움을 주고 싶은데 선뜻 다가가기 망설여져요.

어려움이 있어 보이는 친구를 그냥 지나치지 않고 도와주려는 마음은 정말 멋져요. 망설이지 말고 친구에게 도움이 필요한지 다정하게 물어보세요. 친구가 도움이 필요했다면 무척 고마워할 거예요. 만약 거절한다면 친구가 다른 사람 도움 없이 혼자 해보고 싶은 마음일 거예요.

 나를 거절한 게 아니라 도움을 거절한 거니 이럴 때는 응원해 주면 된답니다.

15. 친구가 기분이 안 좋아 보이는데 뭐라 말을 걸죠?

친구가 무슨 일이 있는 지 기분이 안 좋아 보여요. 눈치가 보여 말을 걸 수 없는데 혹시 나 때문일까요?

친구에게 잘못한 일이 없다면 친구의 기분이 안 좋은 원인이 나 때문이라고 생각하지 마세요. 대신 친구에게 평소보다 더 다정하게 대해주세요. 따뜻한 마음으로 걱정해 주면서 친구의 기분을 풀어주면 친구도 고마워할 거예요.

만약 내가 말을 걸었는데도 친구가 반응이 없다면 기분이 풀릴 때까지 기다려주세요. 기분이 바뀌려면 시간이 필요하니까요.

문제가 생겼는데 어떻게
말해야 하죠?

2. 문제를 해결하는 슬기로운 말

1. 도움이 필요한 데 어떻게 말하죠?

나 혼자 하기엔 너무 어렵고 힘든 일이라 누군가에게 도와 달라고 하고 싶어요. 어떻게 말하면 좋을까요?

어려움에 부닥친 사람을 도와야 한다는 건 알면서도 정작 자기가 어려울 땐 도움을 요청하기 어려워해요. '내 부탁을 거절하면 어떡하지?', '친구에게 이런 부탁을 해도 될까?'하는 생각 때문이지요. 이럴 땐 누군가 도와주면 좋겠지만, 내가 말하지 않으면 상대방은 어떤 도움이 필요한지 알 수 없어요.

도움이 필요한 일이 생기면 먼저 도와달라고 말해보세요. 그리고 무엇을 어떻게 도와줬으면 좋겠는지 자세히 설명하면 돼요. 도움을 준 친구에게 '도와줘서 고마워.'라고 인사하는 것도 잊지 말아요.

친구에게 도와 달라고 했는데 안 도와줘서 서운하고 화가 나요.

친하다고 생각했던 친구가 도와 달라는 내 말을 거절했을 때 당연히 서운하고 속상한 마음이 들 거예요. 하지만 친구 입장도 생각해 봐야 해요. 도와주고 싶지만 도와줄 수 없었던 상황은 아니었는지 살펴보는 게 먼저예요.

누군가를 도와준다는 건 할 수 있을 때 하는 거지 무리해서 하는 건 아니에요. 친구의 도움을 당연하게 생각하지 말고, 거절을 담담하게 받아들이면 마음이 편해지고 친구 사이에 갈등이 안 생긴답니다.

정말 미안해!
엄마가 심부름시킨 일이
있어서 일찍 가야 해.

그랬구나.
일이 있으면 얼른 가봐!
내일 보자!

3. 약속을 취소하고 싶은데 어떻게 말해야 하죠?

친구와 놀기로 했는데 갑자기 몸이 아파요. 약속을 깨면
친구가 실망할 텐데 어떻게 해야 하죠?

약속을 취소하는 건 충분히 있을 수 있는 일이에요. 대신 약속을 취소하게 됐다면 꼭 이유를 제대로 말해줘야 해요. 아무런 말도 없이 갑작스럽게 약속을 취소하면 친구 입장에서는 당황스럽고 서운하기 때문이지요.

약속을 취소해서 미안하다고 먼저 사과하고, 취소하게 된 이유를 설명해 주면 친구도 서운해하지 않을 거예요.

4. 친구랑 만나기로 한 약속을 깜박했어요

친구랑 만나기로 한 약속을 잊어버리고 있었는데, 친구 한테 언제 오냐고 메시지가 왔어요.

약속 시간을 제대로 지키지 못했지만, 친구에게 기다려 달라 부탁하고 늦더라도 약속을 지키려고 노력해야 해요. 이럴 때 약속을 취소하면 친구와 다툼이 생겨 사이가 멀어질 수 있어요. 또 약속을 취소한다고 거짓말을 해서는 안 돼요.

친구가 기다려줘서 만났다면 먼저 날 기다려 준 친구에게 고마운 마음을 꼭 전하세요. 그리고 내가 늦은 이유를 설명하고 진심을 담아 사과하면 기다느리라 힘들었던 친구의 마음이 더 빨리 풀릴 수 있답니다.

5. 친구가 약속을 어겼을 때

친구가 약속 시간이 다 되었는데 아무 말도 없다가 약속 시간보다 한참이나 늦게 와서 화가 나요.

친구가 약속 시간이 다 되었는데도 아무런 연락도 없다가 뒤늦게 도착하면 서운하고 화날 수 있어요. 화가 난 마음 그대로 친구에게 한마디 하면 나와 친구 모두 기분이 상할 수 있어요. 화를 내기 전에 친구가 약속을 제대로 지키지 못한 이유를 먼저 물어보세요. 친구의 이야기를 듣고 늦은 이유가 이해되면 화가 난 기분이 풀릴 거예요.

하지만 친구가 이유 없이 지키지 않은 거면 서운한 마음을 전하고 앞으로 약속을 잘 지켜 달라고 말하세요.

6. 친구 여러 명에게 이야기하고 싶을 때

선생님 말씀을 우리 반 친구들 모두에게 전해야 하는데
다들 제 말을 제대로 듣지 않아요.

선생님 말씀을 전해야
하는데 다들 내 말을 제대로
듣지 않아 어떡하지..

친구 한 명에게 이야기할 때보다 많은 친구에게 이야기할 때가 더 어렵게 느껴질 수 있어요. 내 말을 귀 기울여 듣지 않는 친구도 있을 거고, 내가 말하는 게 잘 전달되었는지 걱정도 되지요.

많은 친구에게 이야기할 때는 먼저 친구들이 내 이야기를 들을 준비가 되어있는지 확인해야 해요. 친구들도 각자의 시간이 있으니 "다들 10분만 시간 내줄 수 있어?"라는 식으로 물어보는 게 좋아요. 친구들이 내 이야기를 들을 준비가 되었다면 하고 싶은 말을 최대한 간단하지만, 내용은 확실하게 말한다면 많은 친구에게 내가 하고 싶은 말을 잘 전달할 수 있답니다.

61

7. 친구의 실수를 걱정해주었는데 화를 낼 때

친구가 실수했는지 곤란해하길래 "무슨 일이야?"라고 물어보니 화를 냈어요. 걱정스러운 마음에 물었는데 화를 내서 속상해요.

　곤란한 일이 생겼을 때는 당황스러운 마음에 자신의 상황을 차분하게 말하기 힘들어요. 나는 친구를 걱정해서 "무슨 일이야?"라고 물었지만 친구는 엉뚱한 대답을 하거나 오히려 화를 낼 수도 있지요.

　왜 곤란해하는지 사정을 아는 것도 중요하지만 우선 상대방을 진정시키고 안심이 되는 말을 건네는 게 좋아요. 곤란해하는 친구에게 어떻게 된 거냐고 상황을 묻기보다는 괜찮냐고 먼저 물어보세요. 걱정하는 마음이 전해지면 대화가 더 쉬워질 거랍니다.

63

8. 친구가 같이 찍은 사진을 SNS에 올리지 말래요

친구와 같이 찍은 사진이 잘 나왔다고 생각해서 SNS 프로필 사진으로 하고 싶은데 친구가 올리지 말래서 당황했어요.

친구와 같이 사진을 찍고 잘 나와서 SNS에 올리고 싶을 때는 먼저 친구의 생각을 물어봐야 해요. 나는 괜찮다고 생각하지만 친구는 못 나왔다고 생각할 수 있고, SNS에 사진이 올라가는 게 부끄러울 수도 있어요. 어떤 이유에서든 친구가 싫다고 하면 올리지 않는 것이 맞아요.

친구가 허락해 주지 않아서 조금 속상할 수는 있지만 내가 양보한다면 친구도 사진을 올리기 전에 나한테 먼저 물어볼 거랍니다.

이 사진 이상하게 나왔으니까, SNS에 올리면 안 돼!

9. 내 실수에 친구가 기분 나빠할 때

친구와 같이 떡볶이를 먹는데 떡볶이를 실수로 떨어뜨려서 친구 옷에 묻었어요. 친구가 기분 나빠하는데 어떻게 해야 하죠?

내 실수로 친구의 옷이 더러워졌거나, 물건이 망가졌다면 당혹스럽고 친구도 기분이 좋지 않을 거예요. 친구가 "괜찮아."라고 이해해 주면 다행이지만 기분 나쁜 행동을 해도 화를 내서는 안 돼요.

내 실수로 친구의 기분을 상하게 만든 거니, "미안해. 다음에는 조심할게."라고 친구에게 사과하며 친구의 마음을 풀어줘야 한답니다.

10. 친구가 시험 점수로 약 올릴 때 :)

시험을 못 봐서 속상한데 친구가 내 시험 점수를 보고 놀려요.

나를 속상하게 하고 함부로 대하는 친구는 좋은 친구가 아니에요. 이런 친구에게는 "그렇게 말하니 기분이 나빠. 그 이야기는 그만해."라고 단호하게 말하세요. 이렇게 말했는데도 계속 놀린다면 그 친구는 나와 어울리지 않는 친구니 친하게 지내지 않아도 괜찮아요.

누구나 잘하는 점도 있고 부족한 점도 있어요. 내가 부족한 점이 있다고 해서 내가 못난이가 되는 건 아니랍니다.

11. 부모님이 도와준다는 말에 짜증을 냈어요

혼자서 만들기 숙제를 하고 있는데 옆에서 보던 엄마가 "도와줄까?"라고 말했어요. 그 말을 듣고 "내가 알아서 해!"라고 짜증을 내버렸어요.

하고 있는 일이 생각대로 잘되지 않아 답답하면 마음이 조급해지고 주위 사람들의 배려도 알아차리지 못하는 경우가 많아요. 그래서 도와주겠다는 말도 잔소리처럼 느껴지고, 날 내버려뒀으면 좋겠다고 생각하게 되지요.

그럴 때는 마음을 가라앉히고 "걱정해 줘서 고마워요. 그런데 혼자 해 보고 싶어요."라고 말해보세요. 내 힘으로 해결하고 싶다는 마음을 전하면 나를 응원해 줄 거랍니다.

12. 친구가 자기가 한 잘못을 내 탓이라고 해요

친구가 청소 중에 쓰레기통을 건드려서 어지럽혔는데 나 때문에 쓰레기통이 쓰러졌다고 핑계를 대요.

나는 잘못을 안 했는데 친구가 나한테 자기 잘못을 뒤집어씌우면 억울하고 화도 날 거예요. 그래도 마음을 가라앉히고 왜 그러는지 물어보세요. 혹시 나도 모르는 실수를 했을지도 모르잖아요.

하지만 괜히 트집을 잡아 자기 잘못을 나한테 넘기는 거라면 내가 잘못한 점이 없다고 차근차근 설명하고 나한테 잘못을 넘기지 말라고 단호하게 말하세요.

13. 말할 때 끼어든다고 친구가 기분 나빠할 때

친구가 틀린 이야기를 하길래 그건 아니라고 말을 자르고 끼어들었더니, 친구가 화를 냈어요 어떻게 해야 하죠?

잘못된 이야기를 하고 있어서 바로 잡아주려고 했다지만 친구의 말을 자르고 내 이야기를 시작해서는 안 돼요. 이렇게 불편하게 끼어들게 되면 말하던 친구는 당연히 기분 나쁠 수밖에 없어요.

내가 끼어들어서 친구의 기분을 상하게 했다면 "미안해. 내가 너무 급했어. 너 이야기 다 듣고 이야기할게."라며 사과하면 돼요. 다른 사람의 말을 자르거나 끼어들지 않기 위해서는 잘 듣는 노력도 필요하답니다.

14. 느낀 대로 솔직하게 말했더니 친구가 서운해할 때

친구가 춤 연습을 했다고 어떠냐며 춤을 보여줬어요. 친구의 춤이 조금 이상한 부분이 있어 솔직하게 말했더니 서운해했어요.

친구가 "이거 어때? 나 좀 봐줄래?"하고 말하는 건 꼭 평가받고 싶어서 그러는 게 아니에요. 자기가 즐기고 있는 일, 열심히 연습한 결과를 누군가 알아줬으면 하는 마음에 물어볼 수도 있어요. 그러니 평가하지 말고 그걸 할 수 있기까지 어려움이나, 성공해서 기쁜 점이 무엇인지 물어봐 주면 된답니다. 그러면 친구도 더욱 신나 할 테고 나를 마음이 잘 맞는 좋은 친구라고 생각할 거예요.

15. 친구가 사과를 받아주지 않아요 😊

친구가 사과를 받아주지 않아서 눈치보이고 속상해요.

내가 용기 있게 사과를 했다면 친구도 긍정적으로 생각하고 있을 거예요. 다만 친구가 마음이 상해서 사과를 받아들이기에는 시간이 조금 더 필요할 수 있어요. 내가 사과했는데 친구가 반응이 없다고 '사과하는 데 왜 안 받지? 서운해.'라고 생각하지 말고 진심으로 미안해하며 기다려보세요. 친구의 기분이 풀린다면 사과를 받아 줄 거랍니다.

혹시라고 친구가 끝까지 사과를 받아주지 않아도 친구의 선택이니 어쩔 수 없어요. 하지만 진심이 통했다면 우정을 이어갈 수 있을 거예요.

16. 친구가 나의 비밀을 퍼트렸어요 ☺

어제 친구에게 비밀 이야기를 했는데 다음 날 다른 친구
도 알고 있어서 깜짝 놀랐고, 비밀 이야기를 들은 친구에
게 화가 났어요.

친하다고 생각해서 믿고 내 비밀과 고민을 이야기했는데 다른 사람이 알고 있으면 당황스럽고, 내 비밀을 퍼트린 친구에게 미운 마음이 들 거예요. 친구에게 화가 나지만 먼저 정말로 친구가 내 비밀을 퍼트린 게 맞는지 확실하게 확인해야 해요. 그다음에 서운한 마음을 전달해도 늦지 않아요. 친구도 비밀을 퍼트려서 미안하고 부끄러운 마음이 들 거예요.

비밀은 누군가에게 말하는 순간 더 이상 비밀이 아니니 쉽게 말하지 않는 게 가장 좋답니다.

17. 친구가 읽어보라고 한 책을 재미없었다 하니 서운해할 때

친구가 재미있게 읽었다면서 책을 빌려줬어요. 그런데 읽어 보니 내가 좋아하는 장르가 아니라 재미없었다고 말하니 서운해했어요.

친구는 나에게 책을 빌려줄 때 자기가 제일 좋아하는 책을 많은 친구가 읽었으면 하는 마음일 수도 있고, 서로 느낀 점을 이야기하고 싶었을 수도 있어요. 또 나와 더 친해지고 싶은 마음에 빌려줬을 수도 있지요. 그런데 "재미없어!", "별로야."라고 말해 버리면 친구는 당연히 속상한 마음이 들 거예요. 빌려줘서 고맙다는 말을 먼저 전하고, 긍정적인 느낌을 말해준다면 친구와 더 즐거운 대화를 할 수 있을 거예요.

물론 내 취향이 아닌데 억지로 친구에게 맞출 필요는 없어요. 단순히 "재미없어."라는 말보다는 "이런 점이 조금 아쉽더라."라고 말하면 친구도 서운해하지 않을 거예요.

거절해도 친구와
친하게 지내고 싶어요. ☺

3. 단호하고 똑 부러지는 말

1. 거절하는 말을 하기 어려워요

친구의 부탁을 거절했다가 사이가 나빠질 것 같아서 걱정이에요. 친구의 부탁을 들어주기 어려워서 거절하고 싶은데 어떻게 해야 하죠?

다른 사람의 부탁이나 요구를 거절하지 못하는 친구들이 있어요. 이런 친구들은 대부분 친구가 나를 미워할까 봐 걱정되어서 그렇지요. 하지만 거절은 나쁜 행동도, 이기적인 행동도 아니에요. 다른 사람의 눈치를 보느라 내 생각을 자유롭게 말하지 못하는 건 좋지 않아요.

부탁하는 친구를 거절한다고 생각하지 말고 내 생각을 친구에게 솔직하게 보여준다고 생각하면 곤란한 부탁을 거절하기 훨씬 쉬울 거예요.

2. 친구가 새치기를 할 때

차례대로 줄 서서 기다리고 있는데 친구가 새치기를 했어요. 새치기를 한 친구가 얄밉고 화가 나는 데 뭐라고 말하죠?

새치기를 한 친구를 그냥 둔다면 나뿐만 아니라 줄을 선 친구들 모두 기분이 상하고 피해를 보게 돼요. 그러니 새치기를 한 친구에게 "새치기는 안 돼. 다들 기다리고 있잖아."라고 단호하게 말해주는 것이 좋아요. 내가 용기 내서 단호하게 말한다면 함께 줄을 서서 기다리던 친구들도 나에게 고마워할 거예요.

혹시라도 새치기를 한 친구가 내 이야기를 듣고 기분 나빠하거나 나를 싫어하게 되었다면 걱정하지 마세요. 새치기는 잘못된 행동이고 나는 잘못된 행동에 대해서 말했을 뿐이니까요. 친구가 그것 때문에 나를 싫어하게 된다면, 그렇게 생각하는 친구의 잘못이니 마음에 담아 두지 않아도 괜찮답니다.

3. 친구가 대답하기 곤란한 질문을 자꾸 해요

친구가 대답하기 곤란한 내용을 자꾸 물어봐요. 어떻게 해야 하죠?

친구가 나와 친해지고 싶고 나한테 관심이 많아서 궁금한 점을 질문할 수는 있어요. 하지만 대답하기 곤란한 질문은 불편하게 느껴질 수 있어요. 아무리 친해도 불편하면 그 마음을 표현하고 대답하지 않아도 괜찮아요. 정말 친한 사이일수록 예의를 지키고 조심해야 관계가 더 돈독해지고 오래 갈 수 있답니다.

4. 친구가 나쁜 행동을 같이 하자고 할 때

친구가 나에게 다른 친구를 같이 놀리자고 말하는 데, 나는 다른 친구를 놀리기 싫어요. 거절하고 싶은데 뭐라고 말하죠?

친구를 다른 친구들하고 놀지 못하게 하거나, 많은 사람 앞에서 놀림거리로 만드는 행동은 옳지 못한 행동이에요. 만약 친구가 이렇게 나쁜 행동을 같이 하자고 한다면 "나는 하고 싶지 않아. 부추기지 마."라고 확실하게 말해야 해요.

나쁜 행동은 친구가 하자고 해서 어쩔 수 없이 했더라도 내가 한 행동이기 때문에 잘못은 나에게 있다는 사실을 잊지 마세요.

5. 내 물건을 묻지도 않고 쓴 친구에게

친구가 내 물건을 나한테 물어보지도 않고 함부로 막 써요. 친구의 이런 행동이 기분 나쁜데 뭐라고 말하죠?

내 물건을 나한테 물어보지도 않고 그냥 가져다 쓰면 나를 무시하는 것 같고 불쾌한 기분이 드는 게 당연해요. 이럴 땐 참지 말고 솔직하게 말해야 내 물건을 가져다 쓴 친구가 잘못을 깨달을 수 있어요. 내 감정을 솔직하게 말하면 기분도 풀릴 거고 친구도 앞으로는 조심해서 행동할 거예요.

6. 친구의 행동에 깜짝 놀라고
무서워요

매번 숨어있다가 인사를 하는 친구가 있어요. 친구의
장난인 걸 알지만 그래도 깜짝 놀라고 무서워요.

사람들은 대부분 가까운 사람이 자기를 무서워할 거라고 생각하지 않아요. 친하다 생각해서 말하고 행동하는 거니 상대방이 무서워하고 싫어하리라 생각하지 못하는 거죠.

이럴 땐 친구에게 너가 싫은 건 아니지만 이런 말이나 행동은 무섭고 싫으니 안 했으면 좋겠다고 말해보세요. 생각지도 못한 말을 들은 친구는 처음에는 놀랍고 서운할 수도 있지만 나를 생각해주는 친구라면 다음부터는 조심할 거예요.

7. 고백을 받았는데 거절하고 싶어요 ☺

친하게 지내던 친구가 고백을 했어요. 그런데 나는 아직 사귀고 싶지 않아요. 어떻게 거절해야 할까요?

친구가 갑자기 사귀자고 고백을 하면 내가 아무리 관심이 있었어도 당황스러울 거예요. 더구나 나는 아직 사귀고 싶지 않아서 고백을 거절하려면 앞으로 이 친구를 어떻게 봐야 할지 걱정되기도 하지요.

　하지만 내 마음이 조금이라도 확실하지 않다면 거절해도 괜찮아요. 누군가를 좋아하는 감정은 무척 소중한 감정이기 때문에 분위기에 휩쓸려서 대답할 필요 없어요. 나를 특별하게 생각해 준 마음에 대한 고마움을 표현하며 정중하게 거절한다면 상대방도 내 마음을 이해해 줄 거랍니다.

8. 친구가 뒤에서 내 험담을 하고 다닐 때

친구가 다른 친구들에게 내 흉을 보는 걸 들었어요. 내 험담을 하는 친구에게 뭐라고 말하죠?

누군가 나쁜 의도로 뒤에서 내 험담을 했다면, 그 친구와는 거리를 두는 게 좋아요. 그런 친구에게 왜 험담을 했냐고 물으면 아마 그런 적 없다고 발뺌하는 경우가 많고, 다시 확인하는 과정은 친구 사이를 불편하게 만들 뿐이거든요.

그렇지만 가만히 참고 넘어가면 잘못된 소문이 퍼질 수도 있으니 "다른 친구들한테 내 험담하지 마."라고 단호하게 말하세요.

수업 시간에 친구가 시끄럽게 떠들어서 선생님 말씀을 듣는 데 방해가 돼요.

수업 시간은 선생님의 말씀에 집중해서 공부하는 시간이에요. 그런데 시끄럽게 떠들어서 선생님 말씀이 안 들리게 한다면 교실에 있는 다른 친구들의 공부를 방해하는 행동이지요.

계속 참고 넘어가면 불편한 상황이 이어지니까, 수업 시간에 떠드는 친구에게 "수업 시간에는 조용히 해야 해.", "조금만 목소리를 낮춰줘."라고 확실하게 말해주세요. 그래도 친구가 계속 떠든다면 선생님의 도움을 받는 것도 방법이에요.

친구들 물건을 자주 빌려 가서 마음대로 쓰는 친구가 이번에는 나한테 물건을 빌려달라 부탁했어요. 거절하고 싶은데 뭐라고 말하죠?

빌려달라는 부탁을 꼭 들어줄 필요는 없어요. 내가 싫고 불편하면 언제든지 거절해도 괜찮아요. 대신 완전한 거절이 아니라면 빌려줄 때 어떻게 쓰라고 분명하게 말하세요. 그러면 친구도 빌려 간 내 물건을 신경 써서 쓸 거예요.

그런데 돈이나 스마트폰 같은 물건을 빌려달라고 한다면 함부로 빌려주지 않는 게 좋아요. 이런 물건들은 빌려줬다가 잃어버리거나 문제가 생기면 어른들에게 도움을 받아야 하거든요. 처음부터 단호하게 거절한다면 문제가 생길 걱정을 할 필요 없겠죠?

11. 내 몸을 건드리면서 말하는 친구에게

친구가 자꾸 내 팔을 때리면서 말해요. 말할 때마다 때려서 아프고 화도 나는데 어떻게 해야 하죠?

특별한 이유 없이 습관적으로 옆에 있는 사람을 툭툭 건드리면서 웃거나 말하는 사람이 있어요. 이럴 때 매번 당하는 사람은 화가 나고 불쾌하지요.

그렇다고 "건드리지 마!"라며 화를 내면 친구와 싸움이 벌어질 수도 있으니, "자꾸 툭툭 치면서 말하지 마."라고 단호하게 말하세요. 내가 원하지 않는 신체 접촉이나 폭력에 대해서는 아무리 사소한 것이라도 단호하게 말해야 한답니다.

12. 같이 놀기 싫은 친구가 자꾸 놀자고 할 때

별로 친하지 않아서 같이 있으면 어색한 친구가 계속 같이 놀자고 말해요. 거절하고 싶은데 뭐라고 말하죠?

어떤 친구가 불편하고 친해지기 힘들다면 그건 그 친구의 어떤 점이 나를 불편하게 만든다는 의미예요. 친구를 잘 모른다든지, 말투나 행동이 거칠다든지, 자기 마음대로만 하려고 하는지 등 무엇 때문에 그 친구가 불편한지 먼저 생각해 봐야 해요. 그리고 친구에게 내가 느끼는 불편함을 말하며 거절한다면 무작정 거절하지 않아 다행이고, 친구도 나와 더 친해지고 싶다면 불편하게 느끼는 모습을 고치기 위해 노력할 거예요.

13. 친구가 내가 싫어하는 별명으로 자꾸 불러요

친구가 내가 싫어하는 별명으로 자꾸 부르면서 나를 놀려요. 친구에게 화가 나는 데 뭐라고 말하죠?

친구들끼리 이름이나 생김새 등으로 서로 별명을 지어서 부르는 경우가 있지요. 친한 사이에서 별명을 부르면 더 친하게 느껴지기도 해요. 하지만 친구가 마음에 들어 하지 않거나, 친구를 놀리는 듯한 별명은 절대로 부르면 안 돼요.

친구가 내가 싫어하는 별명으로 놀린다면 나를 그렇게 부르지 말라고 강하게 말하세요. 듣는 사람이 싫어한다면 그건 별명이 아니라 괴롭힘이랍니다.

111

14. 친구가 거짓말을 자주 해요

친구가 거짓말을 자주 해서 진짜인지 아닌지 의심될 때가 있어요. 거짓말을 자주 하는 친구에게 뭐라고 말하죠?

거짓말을 자주 하는 사람은 다른 사람에게 관심받고 싶거나, 무시당하고 싶지 않아서 또는 친구들의 반응이 재미있어서 거짓말을 해요. 하지만 거짓말은 언젠가는 결국 들키는 때가 오니 좋은 친구로 계속 남고 싶다면 솔직하게 말하는 게 가장 좋아요.

친구가 거짓말을 자주 한다면 "난 솔직한 친구가 좋아."라고 조용히 말해주세요. 나와 계속 친하게 지내고 싶은 친구라면 거짓말을 안 하려고 노력할 거예요.

난 솔직한
친구가 좋아.

내 마음을 친구가
공감했으면 좋겠어요.

4. 칭찬과 위로의 공감하는 말

1. 칭찬을 잘하면 친해지기 쉬워요

칭찬을 잘하면 친구와 더 쉽게 친해질 수 있어요. 그런데 칭찬을 어떻게 해야 할까요?

칭찬은 듣는 사람을 기분 좋게 하는 힘이 있어요. 어떤 행동을 했을 때 누군가 그 행동을 칭찬하면, 기분 좋은 일로 기억하고 다시 그 행동을 한다고 해요. 친구가 좋은 일을 했거나 친구에게 본받을 점이 보게 되면 곧바로 칭찬해 주세요. 친구의 기분도 좋아지고 더 친해질 수 있을 거예요.

2. 칭찬을 할 때 조심해야 할 말투

친구에게 칭찬을 했는데 기분 나빠했어요. 나는 친구를
칭찬하고 싶었는데 뭐가 문제일까요?

누군가를 칭찬 할 때는 진심을 담아야 해요. 다른 친구와 비교하거나 부러워서 질투가 담긴 말을 넣으면 칭찬이 아니에요. 친구의 멋지고 훌륭한 점을 보고 감탄하고 놀라는 마음만을 담아 칭찬하면 친구에게 내 진심이 잘 전해질 거예요.

3. 친구가 잘하는 것을 칭찬하자

달리기, 노래, 춤, 그림 등 누구나 남들보다 잘하는 것이
있어요.

올림픽에서 메달을 획득한 선수들의 모습을 보면 멋있게 보이고 그 모습에 감동한 적 있나요? 자기가 잘하지 못하는 일을 멋있게 잘하는 사람을 보면 누구나 말로 표현할 수 없는 감정을 느껴요. 그럴 때 "정말 대단하다.", "감동을 줘서 고마워!"와 같은 말로 칭찬해 보세요. 내 마음이 그대로 전해져서 칭찬을 듣는 상대방은 더 기뻐할 거랍니다.

4. 자기 옷이 잘 어울리냐고 친구가 물어볼 때

친구가 자기 옷이 잘 어울리냐고 물어보는데 뭐라고 대답하죠?

친구가 자기 옷이 잘 어울리냐고 묻는 건 옷이 정말 마음에 들어서 그런 거예요. 그러니 내 취향을 말하거나 사소한 지적을 하기보다는 "잘 어울려!", "귀여워.", "멋있어."라고 전체적인 인상을 칭찬해 주세요.

　옷을 칭찬할 때 색이나 무늬, 특별히 강조한 액세서리 등 특징을 찾아보세요. "노란색이 정말 잘 예쁘네.", "목걸이랑 옷이랑 잘 어울린다."라고 자세하게 칭찬한다면 친구가 '나한테 관심이 많구나.'라고 생각해 더 좋아할 거예요.

매일 맛있는 음식을 만들어주는 엄마와 힘도 세고 나랑
잘 놀아주는 아빠에게 칭찬의 말을 해보세요.

부모님이 매일 맛있는 음식을 준비해 주고 깨끗한 옷을 입을 수 있게 준비해 주는 등 나를 챙겨 주시는 걸 당연하게 생각할 수 있어요. 그래서 부모님께 칭찬과 감사 인사는 쑥스러워하면서 오히려 불평을 하곤 하지요.

하지만 가까운 사이일수록 더 마음을 잘 전해야 해요. "맛있는 밥을 준비해 주셔서 감사합니다.", "부모님 사랑해요."라고 부모님이 대단하다고 느껴지거나 감사하는 마음을 말해보세요.

6. 나 자신을 칭찬하자

다른 친구들에 비해 잘하는 점이 없다고 느껴져요.

자신이 부족하다고 생각해 본 적 있나요? 그런 생각을 하면 소심해지고 자신감이 없어지지요. 내가 다른 사람보다 부족하다고 느껴지면 다른 사람을 칭찬할 때처럼 나 자신을 칭찬해 보세요. "나는 웃는 얼굴이 보기 좋아.", "나는 달리기가 빨라."처럼 사소한 점이라도 스스로를 칭찬하면 처음에는 멋쩍기도 하겠지만, 점점 자신감이 생길 거랍니다.

다른 사람이 나를 칭찬하면 부끄러워서 어떻게 해야 할지 모르겠어요.

칭찬을 들으면 부끄럽고 수줍은 마음에 어쩔 줄 모르는 친구들이 있어요. 칭찬을 듣고 부끄럽다고 아무 말도 안 하면 칭찬을 해 준 사람도 어색하고 민망해져요.

혹시 칭찬을 듣고 "누구나 할 수 있는 일이야."라는 식으로 자신을 낮추는 게 멋있어 보인다고 생각하면 다시 생각해 보세요. 이런 말투는 잘난 척하는 걸로 보일 수도 있어요. 칭찬을 받을 때는 그저 기쁜 마음으로 고맙다고 답하면 칭찬한 사람도 기분이 좋아질 거예요.

8. 설레는 마음을 표현하기

내일 소풍을 가는 날이라 정말 기대되고 설레어요.

친구들과 놀기로 약속했거나, 학교에서 소풍을 가기로 했을 때, 가족들이랑 여행을 가기로 했다면 정말 신나고 설렐 거예요. 기다리기 힘들 정도로 설레고 기쁜 마음이 들면 그 마음을 상대에게 전해 보세요. 그렇게 하면 상대도 덩달아 신이 나서 더 멋진 추억을 만들기 위해 계획을 세울 거예요. 설레는 마음이 점점 더 커지면 기다리는 시간마저 즐겁고 행복해질 거랍니다.

9. 나와 다름을 받아들이기

나는 여름을 더 좋아하는 데 친구는 겨울이 더 좋다고 해요.
친한 친구여서 좋아하는 계절도 같을 줄 알았어요.

내가 좋아하는 것이 있다면 친구가 좋아하는 것도 당연히 있어요. 내가 좋아하는 것과 다르다고 친구가 잘못된 건 아니에요. "네 생각은 그렇구나."라고 다름을 인정해 주어야 해요. 나와 다르다고 멀리하지 말고 오히려 달라서 어떤 재미가 있을지 생각해 보세요. 새로운 발견을 할 수 있다면 내 생각의 크기도 더 커질 거랍니다.

10. 속상해하는 친구를 위로해 주고 싶어요

친구가 기분이 안 좋아 보여서 걱정이에요. 친구를 위로해 주고 싶은데 뭐라고 말하죠?

친구에게 안 좋은 일이 생기면 나도 기분이 안 좋고 힘이 쭉 빠질 거예요. 친구가 속상해 할 때는 먼저 친구의 마음이 어떤지 이야기를 들어주세요. 위로는 문제를 해결해 주는 게 아니라, 괴로움을 덜어 주고 슬픔을 나누는 거예요. 친구가 나에게 속상한 마음을 이야기하는 것만으로도 기분이 나아질 수 있답니다.

11. 친구가 나를 위로해 줄 때

선생님에게 혼이 나서 창피하고 속상한데 친구가 위로
해 주어서 기분이 나아졌어요.

속상하거나 괴로운 일이 생겼을 때 친구나 주변 사람들이 위로해 준다면 지금 겪는 일이 그렇게까지 큰일이 아니고, 앞으로 내가 조심하고 이겨내면 된다는 생각에 기분이 나아질 거예요. 위로의 말을 해 준 친구에게 고마움을 느꼈다면 "덕분에 위로가 됐어. 정말 고마워."라고 꼭 내 마음을 친구에게 말해주세요.

12. 친구를 위로해 줬는데 기분이 나아지지 않아요

속상해하는 친구를 위로해 줬는데 친구의 기분이 나아지지 않아요. 어떻게 해야 하죠?

친구의 속상한 마음을 달래 주었는데 친구가 계속 속상해하면 당연히 내 마음도 좋지 않아요. 그래도 지금 가장 마음이 아픈 건 내 친구예요. 위로를 받으면 속상한 마음이 조금 나아지긴 하지만, 진짜 괜찮아지려면 스스로 아픈 마음을 털어 버리기 위한 시간이 필요해요.

속상한 기분을 나아지게 만드는 건 친구가 스스로 해결해야 할 문제니 너무 걱정하기 마세요. 친구의 속상한 마음을 위로한 것만으로도 아주 멋진 친구랍니다.

얼굴을 안 본다고
함부로 말해선 안 돼요. :)

5. 슬기로운 인터넷 및 SNS 생활

1. 인터넷에서 하는 말은 오해하기 쉬워

친구가 메신저로 이야기 하는 데 친구가 화난 건지 좋은 건지 모르겠어요.

인터넷 메신저나 SNS로 주고받는 대화는 글로만 이루어져 있어서 오해하기 쉬워요. 그런 의도가 아닐지라도 딱딱한 글은 차갑게, 이모티콘은 장난스러운 느낌으로 받아들여지기도 하지요. 그래서 인터넷이나 SNS에서 오해가 생기면 마음의 거리가 쉽게 벌어진답니다.

온라인에서 대화할 때는 얼굴을 보며 대화할 때보다 더 친절하게 자신의 마음이 잘 전해질 수 있는 표현을 선택해야 한답니다.

2. 단체 대화방에서 대화 내용을 놓쳤을 때

단체 대화방을 확인하지 못한 사이에 대화가 쌓였어요. 무슨 말이냐고 물어봤더니, 마음에 안 드는 내용이 있냐고 오해를 받았어요.

단체 대화방에서는 '맞아, 맞아.', '나도 알지!', '재밌겠다!'처럼 맞장구를 치면서 대화가 이어지는 경우가 많아요. 그래서 대화 도중에 끼거나 다른 의견을 말하고 싶을 때는 지금부터 내가 대화에 참여할 거라는 것을 모두에게 알려야 해요.

대화방을 확인하지 못해 대화가 쌓여 있었다면 '미안한데 내가 다른 일을 하느라 대화를 못 봤어. 무슨 이야기 중인지 알려줄래?'라고 말한다면 오해받을 일이 없을 거예요. 대화가 많이 쌓여 있지 않았다면 내가 확인하지 못한 대화부터 다시 보고 이야기에 참여하는 것도 방법이랍니다.

미안한데 대화를 못 봤어. 무슨 이야기 중인지 알려줄래?

친구들이 나만 빼고 단체 채팅방을 만들었다는 사실을
알았어요. 이럴 때 어떻게 하면 좋을까요?

내가 없는 단체 채팅방이 있다는 사실을 알았다면 일부러 그런 건지, 실수였는지를 먼저 확인해 봐야 해요. 나랑 같은 조가 아니라서 조별 과제를 위해 만들었을 수도 있고, 진짜 실수로 나를 빠트렸을 수도 있어요. 그런데 이런 이유가 아니라면 뭔가 나와 맞지 않는 채팅방일 수 있어요. 만약 그런 이유라면 억지로 그 친구들에게 맞출 필요 없어요.

그런데 만약 다른 채팅방에서 나를 비난하거나, 나만 빼고 동시에 채팅방을 나간다거나, 내가 원하지 않는 데 계속 채팅방에 초대하는 행동을 한다면 선생님이나 부모님께 꼭 말씀드리세요. 이러한 행위는 온라인이지만 폭력과도 같아요. 내 마음에 상처를 주는 행동을 한다면 주변에 말해 도움을 받아야 한답니다.

147

4. 친구의 SNS에 악성 댓글이 달렸는데 나를 의심해요

친구가 SNS에 달린 악성 댓글을 내가 남겼다고 의심해요. 억울하고 화나는데 뭐라고 말하죠?

악성 댓글은 상대를 비방하는 악의적인 내용을 댓글로 남기는 걸로 흔히 '악플'이라고도 불러요. 내가 친구의 SNS에 악성 댓글을 남기지 않았는데 친구가 오해한다면 억울하고 화도 나겠지요. 이럴 때는 "네가 나를 의심해서 억울하고 속상해. 왜 나를 의심하는지 말해 줄 수 있어?"라고 물어보세요. 그러면 친구도 증거 없이 의심했다면 자기 생각을 되돌아보고 반성할 거예요.

만약 증거도 없는 데 계속 나를 의심한다면 내가 하지 않았음을 단호하게 말한 후 내 말을 믿지 않고, 나를 소중하게 생각하지 않는 친구이니 거리를 멀리하세요.

5. 온라인 게임에서 친구에게 심한 말을 했을 때

친구와 함께 온라인 게임을 하다가 친구의 실수로 지는 바람에 화가 나서 심한 말을 했어요.

150

같은 팀으로 활동해야 하는 게임이나 운동을 하다 보면 생각대로 되지 않는 경우가 있고 누구든 실수를 할 수 있어요. 그래서 나도 모르게 실수를 한 친구에게 안 좋은 말을 하는 경우도 있지요. 내가 안 좋은 말을 했다면 친구에게 바로 사과하는 게 좋아요. 친구도 자기 때문에 져서 미안할 텐데 안 좋은 말까지 들으면 기분이 더 상하기 때문이지요.

특히나 얼굴을 보지 못하는 온라인에서는 오해가 쌓일 수 있기 때문에 안 좋은 말은 하지 않는 게 좋고, 했다면 바로 사과해서 오해가 쌓이지 않도록 해야 한답니다.

6. 내 생각을 잘 전달하기 위해 어휘력을 기르자

내 생각을 오해하지 않게 남기다 보니 글이 너무 길어졌어요.

문자로만 대화하는 온라인 공간에서는 내 생각과 감정을 오해하지 않게 전달하는 건 중요한 일이에요. 하지만 오해하지 않도록 내 생각을 남겼는데 너무 글이 길어지면 상대방이 읽기 힘들어요.

　내 생각을 잘 전달하기 위해서는 어휘력을 길러야 해요. 어휘력을 기르는 가장 좋은 방법은 독서예요. 독서는 책 속의 문장들을 통해 어휘의 다양한 활용법을 익힐 수 있고, 뜻을 생각하는 과정에서 지식이나 감정, 깨달음까지 얻을 수 있어요. 그렇다고 항상 어려운 말을 써야 한다는 건 아니에요. 어휘력을 기르면 상황에 따라 적절한 어휘를 써서 내 생각을 더 풍부하게 표현할 수 있답니다.

7. SNS에서 내 생각을 강요하지 말자

내 생각과는 다른 글을 읽었어요. 이 글에 내 생각을 댓글로 남기고 싶은데 어떻게 하는 게 좋을까요?

내 의견이 소중한 만큼 다른 사람의 의견도 소중해요. 나와 생각이 다르다고 해서 무조건 반대하고 내 생각을 강요해서는 안 돼요. 그래서 내 의견을 말하기 전에 먼저 다른 사람의 의견을 존중해줘야 해요. "그렇게 생각할 수도 있겠다."라고 말하고 내 의견을 말한다면 상대방도 자신의 의견을 존중해준다고 생각해서 내 의견에 더 귀 기울여 들을 거예요. 아름다운 소통은 공감하며 마음을 전할 때 만들어진답니다.

8. SNS에 댓글을 남기기 전에 한 번 더 생각하자

어떤 사람이 유명한 가수가 입은 옷을 따라서 입고 SNS에 올렸어요.

SNS에서는 나와 친분이 없는 사람의 글도 쉽게 접할 수 있어요. 내 생각을 댓글로 남기는 건 자유이지만, 댓글을 남기기 전에 생각해야 할 점이 있어요. 바로 내가 남긴 댓글이 상처를 주는 악성 댓글이 아닌지 생각해 봐야 해요.

SNS는 내가 쉽게 남긴 댓글로 인해 누군가는 상처를 입을 수 있는 공간이에요. 그래서 항상 SNS의 글과 사진 뒤에는 나와 같은 사람이 있다는 걸 명심해야 해요.

참고한 도서 및 자료

『초등학교 고학년 학생들의 학급 공동체 의식 및 친사회적 행동이 학교 폭력 가해 경험 및 피해 경험에 미치는 영향에서 방어 행동 매개 효과』/ 권지웅, 박종효 / 한국교육학회 / 2021
『초등 성장 보고서-3부 나도 잘 모르겠어요, 13세 사춘기』 / EBS 다큐프라임
『후기 아동기에서 청소년기까지의 대화발달』/ 양예원 외 3인 / 한국언어청각임상학회 / 2018
『영유아 정상아동의 언어발달과 사회·정서발달 및 환경요인과의 상관관계』/ 고순옥 / 2004
『초등학생 아동의 대화 화제관리 능력의 발달』/ 박윤정 외 2인 / 한국언어청각임상학회 / 2017

빙글빙글 당황하지 말고 똑똑하게 말해요

발행일 초판 1쇄 2025년 1월 15일

지은이 걸음마 **펴낸이** 강주효 **마케팅** 이동호 **편집** 이태우 **디자인** 하루 **그림** 생성형 AI
펴낸곳 도서출판 버금 **출판등록** 제353-2018-000014호
전화 032)466-3641 **팩스** 032)232-9980
이메일 beo-kum@naver.com
블로그 blog.naver.com/beo-kum
제조국 대한민국
주의사항 종이에 베이거나 긁히지 않게 조심하세요.

ISBN 979-11-93800-15-7 73190
값 13,000